Orgonite
für Einsteiger

Wie Sie die schöpferische Urkraft des Heilsteins wecken und für sich nut- zen - inkl. Orgonit Meditationen & Erfahrungsberichten

Klara Mössinger

Alle Ratschläge in diesem Buch wurden sorgfältig erwogen und geprüft. Eine Garantie kann dennoch nicht übernommen werden. Eine Haftung des Autors beziehungsweise des Verlags für jegliche Personen-, Sach- und Vermögensschäden ist daher ausgeschlossen.

INHALT

Das erwartet Sie in diesem Buch

E s ist wundervoll, dass Sie sich für dieses Sachbuch entschieden haben. Wer oder was Sie auch immer zu dieser Lektüre geführt haben mag: Es war sicher ein „Zufall". Vielleicht sind Sie Ihrer Intuition gefolgt, Ihrem Bauchgefühl. In jedem Fall freut es mich, Ihnen mit diesem Buch einen kleinen, aber wertvollen Einblick in die Welt der Orgonite und ihrer Wirkungsweisen geben zu dürfen. Wir nehmen uns die Zeit und durchleuchten, was ein Orgonit überhaupt ist, wie er erstmals entstand bzw. von wem er erfunden wurde, geben einen theoretischen Einblick und widmen uns dann dem praktischen Teil, der Sie womöglich am brennendsten interessieren wird. Denn wer sich zu Orgoniten hingezogen fühlt, möchte doch in jedem Fall seine Geheimnisse erfahren und wofür dieser wirkungsvolle Heilstein alles eingesetzt werden kann.

Vielleicht sind Sie etwas überrascht, dass ich den Orgonit als einen Heilstein bezeichne, obwohl er doch manuell hergestellt wird. Doch lassen Sie sich überraschen, wie dieser zauberhafte „Stein" positiven Einfluss auf Ihren Körper, Geist und auf Ihre Seele und somit auf Ihr ganzen weiteres Leben nehmen kann.

Sie wollen noch einen Schritt weitergehen? Nun, für die ganz Kreativen unter Ihnen findet sich in dieser Lektüre zusätzlich ein spannender Teil darüber, wie Sie Ihren ganz persönlichen Orgonit mit etwas Geschick und viel Freude selbst herstellen können! Ich bin mir sicher, auch Hildegard von Bingen, die zu Lebzeiten viele beeindruckende und vor allem hilfreiche Schriften zur Heilkunde und zu Heilsteinen erfasste, wäre

begeistert gewesen, diese Art der Heilsteine zu erschaffen und selbst weiterzuentwickeln.

In Ihren Händen halten Sie also einen kleinen
und doch sehr umfangreichen Ratgeber mit gro-
ßer Wirkung! Lassen Sie sich überraschen, bleiben
Sie gespannt und offen für diese Thematik und
lassen Sie sich ein wenig entführen in einen kleinen, aber bemerkenswerten Teil der Welt der
Heilsteine ...

Wichtiger Hinweis:

Alle hier im Ratgeber aufgeführten Anregungen
und Tipps basieren auf meine eigenen Erfahrungen und durch mich angeeignetes Wissen. Die
hier beschriebenen Anwendungsmöglichkeiten
ersetzen keineswegs die Konsultation eines Arztes
oder Heilpraktikers. Diese Informationen dienen
ausschließlich dazu, Ihr Wissen zu steigern, und
geben Ihnen einen Einblick in den Wert von Or-
gonitprodukten, die Ihre Selbstheilungskräfte ak-
tivieren bzw. verbessern können. Dieses Buch bietet also lediglich Hilfe zur Selbsthilfe.

Was ist ein Orgonit?

Der Begriff „Orgonit" wird von dem Wort „Orgon" abgeleitet. Orgon ist die allumfassende, alles durchdringende, kosmische Lebensenergie, die auch als „schöpferische Urkraft" bekannt ist. Auch wenn diese Lebensenergie laut Aussagen einiger Wissenschaftler angeblich nicht messbar sein soll, so leben wir inzwischen doch in einer Zeit, in der die Menschen immer bewusster werden und zumindest akzeptieren, dass diese Energien in verschiedenen Formen existieren. Und ebendiese Lebensenergie ist es, die auf positive Weise mithilfe eines Orgoniten aufgeladen werden kann.

Wenn von „allumfassender" Energie gesprochen wird, sind hierbei alle Ebenen des Daseins gemeint, sowohl die feinstofflichen wie auch die grob stofflichen Dinge, die uns bewusst oder auch unbewusst umgeben. Als feinstofflich werden generell all jene energetischen Strukturen bezeichnet, die mit den herkömmlichen fünf Sinnen nicht so einfach wahrgenommen werden können. Als grob stofflich wird alles bezeichnet, was sichtbare Materie ist. In erster Linie werden, wie gesagt, alle Ebenen davon positiv beeinflusst – von den Gefühls- und Astralwelten über die Gedanken- bis hin zu den Mentalwelten. Dies beginnt bereits bei der Herstellung der Orgoniten, da auch die Gedanken, Emotionen und Gefühle des Erschaffenden in die Energie einfließen.

Ein Orgonit ist ein manuell gefertigter Heilstein, der für unterschiedliche Befindlichkeiten und Umstände als täglicher Helfer eingesetzt werden kann. Hergestellt wird Orgonit durch eine spezifische Anordnung von Edelsteinen oder Kristallen sowie Harz und Edelmetallen, also aus organischen und anorganischen Materialien, die bestenfalls im Verhältnis 50 : 50 stehen. Als Form wird vorzugsweise eine Pyramide verwendet, mit der der Nutzer die Lebens- und Raumenergie erhöhen kann. Zusätzlich dient der Orgonit auch als ein kraftvoller Energietransformator.

Im Wesentlichen können wir den Orgonit als eine Art Akkumulator für Orgonenergie bezeichnen. Durch die unterschiedlichen Formen und verschiedenen Bestandteile wurde er immer weiter optimiert, sodass seine positive Energie in gewünschte Richtungen gelenkt werden kann, vorhandene Energien noch verstärkt und diese akkumuliert.

Für mich ist der Orgonit etwas Magisches. Obwohl ich bereits seit vielen Jahren mit all den herrlichen Mineralien und Edelsteinen wirken darf, sehe ich den Orgonit doch als den Heiler der neuen Zeit. Seine Fähigkeiten sind unbeschreiblich, aber richten wir unsere Aufmerksamkeit vorerst auf den Moment, als alles begann.

Wer entdeckte Orgonit?

Bereits vor über 240 Jahren beschäftigte sich der Arzt Franz Anton Mesmer mit der Wirkung von Metallen auf Lebewesen. Dabei diente ihm ein hölzernes Fass, das mit Eisenspänen angefüllt war. Mit diesem „Fass" führte er seine Experimente sowohl mit Menschen als auch mit Tieren durch.

Der Begriff „Orgon" wurde erstmals zu Beginn des 20. Jahrhunderts von dem österreichischamerikanischen Arzt, Biologen, Physiker, Psychiater und Wissenschaftler Dr. Wilhelm Reich geprägt. „Orgon" bezeichnet hierbei, wie schon erwähnt, die kosmische Lebensenergie, die uns u. a. auch als Chi, Qi, Prana, Vril oder Äther bekannt ist. Dr. Reich beschrieb damals, dass er Orgonenergien dadurch anzog, dass er mehrere Lagen organisches Material (z. B. Glasfasern) und anorganisches Material (z. B. Stahlwolle oder Kupfer) übereinander legte. Auf diese Erkenntnisse hin baute er u. a. den „Cloudbuster" sowie den „Orgon-Akkumulator" (auch als ORAC bekannt).

Ein weiterer Begriff, der bei diesen Experimenten immer wieder auftauchte und seit einigen Jahren immer mehr an Tragkraft gewinnt, ist die sogenannte „Null-Punkt-Energie". Dr. Reich erforschte nicht nur Orgon, die Lebensenergie an sich, sondern unterschied dabei auch sehr akribisch zwischen der „tödlichen" und der „positiven" Orgonenergie. Erstaunliches kam dabei zutage. Mithilfe verschiedener Instrumente konnte Dr. Reich dabei eine Methode entwickeln, die es ihm ermöglichte, die unterschiedlichsten

Orgonenergien in Institutionen zu messen. Dabei fand er heraus, dass besonders Orte wie Altenheime, Krankenhäuser, Büros, aber auch Strommasten, Atomkraftwerke und elektrische Geräte im Allgemeinen eine besonders starke negative Energie besitzen.

Später baute das Ehepaar Croft seine Arbeit und Forschungen auf den Vorkenntnissen von Dr. Reich auf und erfand Orgonit, so wie wir es heute kennen. Es wurde in seinen Formen und seinen Bestandteilen immer wieder optimiert und sie erreichten, dass die Orgonenergie in jeweils gewünschte Richtungen gelenkt und sogar noch verstärkt werden konnte.

Wie genau funktioniert ein Orgonit?

Gemäß den Forschungen von Don Craft verliert Lebensenergie (Orgon) ihre Vitalität durch negative Strahlungen und Frequenzen und es entsteht verbrauchte Energie, sogenanntes DOR (in Fachkreisen bekannt als „deadly orgon radiation"), ein Begriff, der von Dr. Wilhelm Reich geprägt wurde. Diese negative Energie kann sich nachteilig auf unser Leben und unsere Umwelt auswirken.

In der Natur kommt diese Energie sehr selten vor, doch in der heutigen Zeit haben wir mit dem Nutzen von Elektrogeräten, Mobiltelefonen, WLAN etc. ein Ungleichgewicht geschaffen, dass sowohl uns Menschen als auch den Tieren und Pflanzen schadet.

Wie bereits erwähnt, besteht ein Orgonit aus organischen und anorganischen Materialien. Die organischen Substanzen ziehen Lebensenergie an, die anorganischen Substanzen stoßen Lebensenergie ab. Aus hellsichtiger Sicht kann ich es so beschreiben, dass die einzelnen Bestandteile die aufgenommenen unharmonischen, kräfteraubenden oder sonst wie negativen Energien in neue, positive Energien umwandeln und dann wieder abgeben. Die Edelsteine und Kristalle, die in den Orgonit eingearbeitet sind, werten diese Energien zusätzlich mit ihren wundervollen Eigenschaften auf. Auf diese Weise finden die Energien wieder zu ihrer ursprünglichen Schwingung zurück.

Der Orgonit wird durch die in ihm enthaltenen Edelsteine und Informationsträger harmonisiert und ist dadurch sogar in der Lage, sich selbst zu reinigen.

Dieser Prozess wird dadurch optimiert, dass den Orgoniten bei der Herstellung spezielle Essenzen zugefügt werden. Dies kann zum Beispiel Germanium sein oder auch Gold. Dadurch werden die Schwingungen noch weiter erhöht. Und all dies geschieht ganz ohne Strom.

Sie sehen also, das Prinzip ist grundlegend einfach und wird seit der Erfindung von Orgonit fortwährend verfeinert.

PHYSIKALISCH BETRACHTET

... ist die Erklärung eventuell etwas komplizierter. Wie Sie später ausführlicher erfahren werden, besteht ein Orgonit in der Regel aus drei Hauptzutaten: Kristalle (Edelsteine, Quarze), Metalle und Harz.

Setzen wir Kristalle wie z. B. einen Bergkristall oder Turmalin unter Druck, fließt fein messbar elektrischer Strom. Dieses Phänomen wird Piezo-Elektrischer-Effekt* bezeichnet. Bergkristall sorgt dabei übrigens am besten für das nötige energetische Gleichgewicht und übernimmt im Orgonit die Funktion des Wassers, was bei der Herstellung unerlässlich ist.

Wenn elektrischer Strom fließt und sich Metalle in der Nähe befinden, entsteht Magnetismus. Das Harz selbst dient dazu, Druck auf die Quarze auszuüben. Da Kunstharz sich beim Aushärten zusammenzieht, ist es ideal für diese Aufgabe.

Piezo-Elektrischer-Effekt* (altgriechisch abgeleitet von „drücken", „pressen") beschreibt die Änderung einer elektrischen Polarisation bei Druck, wodurch eine elektrische Schwingung am Element bzw. in einem Festkörper auftritt.

WAS GENAU VERSTEHEN WIR UNTER DOR?

DOR-Energie ist, wie oben schon kurz erwähnt, die tote, aufgebrauchte Lebensenergie und besonders von hochsensiblen Menschen sehr schnell wahrnehmbar. In diesem Zusammenhang wird sogar von einer gewissen Elektrosensibilität gesprochen. Diese verbrauchte Energie wirkt sich nicht nur auf unser menschliches Gemüt aus, denn auch Tiere reagieren sehr empfindsam darauf und Pflanzen lassen gern mal ihre Blätter hängen, wenn sie mit DOR in „Berührung" kommen.

Braut sich ein „Unwetter" zusammen, ist diese Energie sehr deutlich spürbar und gerade in Arbeitsräumen entfaltet sich rasch eine Art Unmut bei der gesamten Mannschaft, da die daraus entstehende Atmosphäre sehr erdrückend wirkt. Wer kennt nicht das ungute Gefühl, wenn man z. B. die lieben Großeltern im Alters- oder Pflegeheim besuchen möchte oder irgendwelche Ämter oder ein Krankenhaus aufsuchen muss? Viele Menschen schreiben dieses Phänomen dem Neonlicht zu und/oder dem „Geruch". Oftmals findet sich eine solche „tote" Energie jedoch vor allem dort, wo viele elektronische Geräte betrieben und Computer & Co. genutzt werden.

Dr. Reich fand bei seinen Forschungen heraus, dass vor allem bei Atomkraftwerken sehr viel DOR-Energie zu finden ist. Weiterhin stellte er nachweislich fest, dass zwischen den

zunehmenden Krebserkrankungen und dieser to-
ten Energie ein direkter Zusammenhang besteht.

WAS GENAU VERSTEHEN WIR UNTER POR?

Die POR-Energie ist das genaue Gegenteil zur
DOR-Energie. Doch eines kann nicht ohne das andere existieren. POR ist die positive Energie (Positive Orgone Energy) und es ist immer wieder ein
Vergnügen und eine Wohltat, sich in ihr „baden"
zu dürfen. Ist ein Raum mit POR-Energie angefüllt, so wirkt sich diese positiv auf unseren Geist,
unseren Körper und unsere Seele aus und lässt uns
einfach leicht und wohlfühlen. Es findet eine Harmonisierung statt und das Gleichgewicht wird
wiederhergestellt. Durch diese positive Lebensenergie kann wahre Heilung geschehen.

Orgonit aus wissenschaftlicher Sicht

Im Jahr 2005 wurde eine Studie vom Wilhelm Reich Orgoninstitut Deutschland abgeschlossen, die, durchgeführt mit weiterentwickelten Messmethoden und mit wissenschaftlichen Methoden, die Existenz von Orgonenergien unwiderruflich nachwies. Anerkannte Wissenschaftler, die bis zu dem Augenblick den Begriff „Äther" für

Lebensenergie verwendeten, waren sehr verblüfft über die unzähligen interessanten wie auch außergewöhnlichen Ergebnisse der Experimente von Dr. Reich. Doch aus politischen Gründen wurde eine offizielle Anerkennung der Leistungen von Dr. Wilhelm Reich und seinem Institut verweigert.

Selbst weitere großartige Erfindungen wie z. B. der Cloudbuster erfuhren bis zum heutigen Tage nicht die offizielle, öffentliche Anerkennung, die sie verdient hätten. Hatte Dr. Reich es doch geschafft, mit dieser durch den Cloudbuster erzeugten Energie Regen zu provozieren und somit die Dürre in Wüsten zu beenden.

Der Erfinder Karl Hans Welz knüpfte an die Arbeiten von Dr. Reich an und erzielte sogar noch bessere Ergebnisse mit seinen Gerätschaften als den von Dr. Reich gebauten Orgonakkumulatoren. Durch die Verwendung von organischem Kunstharz und Metallspänen erreichte Herr Welz, dass negative, zerstörerische Energie in positive Energie umgewandelt wird.

Wenige Jahre später, Ende der 90-Jahre, optimierte Don Croft zusammen mit seiner Gemahlin

Carol die Energieumwandlung noch weiter, indem er als Informationsgeber Edelsteine hinzugab. Durch diese spektakuläre Veränderung kann seitdem der Orgonit noch vielfältiger eingesetzt werden. Zudem wurde der Cloudbuster von Dr. Reich von Herrn Croft weiterentwickelt und danach in „Chembuster" umbenannt. Seine Einsatzmöglichkeiten werden wir weiter unten noch näher beschreiben.

Orgonit aus spiri-tueller Sicht

Der spirituelle Bereich, der von Orgoniten beeinflusst wird, ist so umfangreich, dass ich an dieser Stelle lediglich erwähnen möchte, dass es in erster Linie an Ihnen selbst liegt, wie weit Sie sich den Wirkungsweisen dieses Heilsteines auch in dieser Hinsicht öffnen mögen.

Für mich ist jeder Orgonit ein lebendiges Wesen, dass uns in unserem Alltag auf mannigfaltige Weise unterstützt und Heilung schenken kann.

Jeder dieser Orgoniten besitzt die Fähigkeit, die Menschen mit der allumfassenden Energie zu verbinden und zu verstärken. Sie unterstützen uns dabei, wenn wir uns mit luzidem Träumen beschäftigen möchten, oder auch bei der Tier- und Pflanzenkommunikation. Und sie sind unsere hilfreichen Begleiter, wenn es um den Aufstieg in nächsthöhere Dimensionen geht.

Im weiteren Verlauf werden Sie in diesem Buch sicher viele Momente erleben dürfen, in denen Ihnen bewusst wird, wie sehr der Orgonit Sie bei allen Facetten Ihres Lebens berühren und unterstützen kann, denn er vermag nicht nur, Ihr körperliches und geistiges Wohlsein zu verbessern, sondern ermöglichst Ihnen, auch spirituell weiterzuwachsen und sich zu entfalten.

Was kann ein Orgonit konkret für Sie tun?

B isher haben wir uns lediglich mit dem theoretischen Teil beschäftigt. Nun möchte ich Sie einladen, die praktischen Aspekte kennenzulernen, die Orgoniten uns in unserem Leben bieten.

Dazu gehört selbstverständlich gleich zu Beginn die Information, wie ein Orgonit Sie überhaupt hilfreich unterstützen kann.

Hier nun vorab einige Schlagworte im Überblick:

• Umwandlung von Negativ-Energie in positive Energie

• Verstärkung der positiven Energie

• Reduzierung von elektromagnetischer Strahlung

• Energetische Reinigung von Räumen (zu Hause, Praxis, Arbeitsplatz etc.)

• Verbesserung des Wohlbefindens (für Mensch, Tier und Pflanze)

• heilerische Einsatzmöglichkeiten in der ganzheitlichen Therapie u. v. m.

Zur Reduzierung negativer Energien und Strahlungen werden in der Regel Orgonit-Pyramiden und sogenannte Chembuster bevorzugt. Zudem wurde aufgrund von vorangegangenen Experimenten bestätigt, dass ein Orgonit auch schädlichen Auswirkungen entgegenwirkt, die durch

WLAN, Telefonverbindungen, Sendemasten, 4G/5G, HAARP* (High Frequency Active Auroral Research Program) etc. hervorgerufen werden. Hierfür zieht er die universelle Energie an, absorbiert negative Energie (Deadly Orgon Radiation, kurz „DOR") und wandelt sie in positive Lebensenergie (Positive Orgone Energy, kurz POR) um.

HAARP* ist die Abkürzung für „High Frequency Active Auroral Research Program". Ursprünglich ist dies ein militärisches Forschungsprogramm aus den USA, bei dem u. a. Radiowellen zur Untersuchung der oberen Atmosphäre eingesetzt wurden. In Deutschland wird es z. B. zur Erforschung von hochfrequenter Sonnenaktivität eingesetzt.

Was können Sie für Ihren Orgonit tun?

TIPPS ZUR PFLEGE UND REINIGUNG

In jedem Fall sind Orgonite selbstreinigende Katalysatoren. Doch da sie auch in der Lage sind, Energien anzuziehen, kommt es vor, dass sie negative Energien und mögliche Fremdinformationen aufnehmen. Aus diesem Grund möchte ich Ihnen dringend empfehlen, Ihren

Orgonit regelmäßig mindestens einmal pro Woche zu reinigen.

Zur Reinigung können Sie den Orgonit entweder für mindestens drei Minuten unter fließendes, lauwarmes Wasser halten, ihn in den Morgen- oder Abendstunden in die Sonne legen oder, wenn vorhanden, den Stein über Nacht in eine Amethystdruse legen und mental um allumfassende Reinigung und Entfernung jeglicher überflüssiger Belastungen bitten. So bleibt Ihnen seine Wirksamkeit lange erhalten. Die Energien, die aus den Kristallspitzen der Druse herausstrahlen, durchdringen die zu reinigenden Steine und löschen sämtliche Fremdinformationen vollständig.

Wenn Sie Räucherware bevorzugen, ist dies ebenfalls möglich. Für Orgoniten gibt es mittlerweile sehr gute Rauchmischungen zum Reinigen zu kaufen. Ich bin mir sicher, Sie werden intuitiv den für Sie und Ihren Stein besten Weg finden. Hören Sie einfach auf Ihr Bauchgefühl!

Zu Beginn fühlt sich die Oberfläche eines Orgoniten immer wunderschön glatt an, doch nach einer Weile wird sie etwas rau. Dies braucht Sie jedoch nicht zu beunruhigen. Der Orgonit wird trotzdem auch weiterhin seinen wertvollen Aufgaben nachkommen können.

Bei größeren Orgonit-Geräten wie z. B. einem Chembuster wird oftmals ein Erdungskabel mit eingegossen, dessen anderes Ende dann in die Erde gesteckt wird, um die negativen Energien sofort auszuleiten.

Wenn es sich bei der Verschmutzung um herkömmlichen Hausstaub handelt, säubern Sie den Stein bitte mit einem weichen, trockenen Tuch.

Ich persönlich nutze meine Orgonit-Pyramide sehr gern bei Heilsitzungen. Während einer solchen Sitzung nimmt der Stein fremde Energien meiner Klienten auf; er zieht sie förmlich ab. Nach jeder Anwendung lege ich meinen Orgonit dann in eine Schale, die mit warmem Salzwasser gefüllt ist, und lasse ihn dort einige Zeit, meistens über Nacht, ruhen. Das Salz zieht die Fremdenergien dann aus dem Stein heraus. Danach spüle ich den Orgonit unter handwarmen Wasser vorsichtig ab. Das belastete Salzwasser gieße ich anschließend in die Toilette, mit der Bitte, dass es entsprechend transformiert werden möge, damit es unserer Mutter Erde nicht schadet.

Übrigens können Sie eine Meditation zur universellen Reinigung und Heilung nicht nur mit Ihrem Orgonit durchführen, sondern auch für diesen wundervollen Stein. Ein Beispiel dafür werde ich Ihnen etwas später dazu geben.

Welche Orgoniten-
arten gibt es?

DER ORGONIT-ANHÄNGER

Klein, aber fein lässt sich ein Orgonit als Anhänger tragen, sei es an einem Armband oder als Amulett um den Hals. So begleitet Sie sein energetischer Schutz überallhin und bewahrt Sie vor übermäßigen Stress und ungesunder Hektik, die ein Alltag so mit sich bringen kann. Und sollten Sie ein Handy benutzen, so schützt der Orgonit Sie vor den elektromagnetischen Strahlen, die davon ausgehen. Zudem löst ein Anhänger auf sanfte Weise Anspannungen und, als Kette getragen, unterstützt der Anhänger Sie dabei, Ihr Herz zu öffnen und seinen Hinweisen besser zu lauschen.

DER ORGONIT-RAUMHARMONI-SIERER

Ein Raumharmonisierer wird entweder zu Hause oder am Arbeitsplatz am besten dort aufgestellt, wo sich elektronische Geräte befinden. Abgesehen von dem Schutz vor negativen Strahlungen, den der Orgonit Ihnen bietet, reduziert er vorhandenen Stress und macht Ihr Zuhause zu einem harmonischen und gemütlichen Rückzugsort.

Stellen Sie ihn auf die Fensterbank, so erfolgt auch dort eine Abschirmung vor elektronischen Störfaktoren, die vielleicht von außen in Ihren Wohnraum zu dringen versuchen. Leben Sie an einer stark befahrenen Straße, ist das Aufstellen an diesem Platz hier vor allen Dingen zu empfehlen. Als Raumharmonisierer wird hier ein Orgonit empfohlen, der die Form von einem Ei, einer Halbkugel oder einem Kegel besitzt.

DIE ORGONIT-PYRAMIDE

Zur Verbesserung des Wohnklimas und zur Anhebung positiver Schwingungen wird vorzugsweise die Orgonit-Pyramide genutzt, denn hier wirken nicht „nur" die bereits erwähnten Fähigkeiten des Orgoniten selbst, sondern die Kraft der Pyramidenform vervielfältigt die Energiesignatur um ein Vielfaches. Auf diese Weise können optimale Ergebnisse erzielt werden und so ein angenehmes Klima bei Ihnen zu Hause, am Grundstück und natürlich auch im beruflichen Umfeld schaffen.

DER ORGON-AKKUMULATOR

Der Orgon-Akkumulator besteht in der Regel aus einem großen Kasten, der abwechselnd mit Schichten aus natürlichen und nicht-natürlichen Materialien angefüllt ist. Dieser Akkumulator hat die Fähigkeit, positive wie auch negative Energien (Orgon) aufzunehmen. Dr. Reich führte in seiner Praxis die unterschiedlichsten Experimente durch, bei denen Menschen in diesen „Kästen" saßen und wundersame Heilungen mannigfaltiger Art herbeigeführt haben soll. Verglichen wurden diese Akkumulatoren gern mit einer Sauna, in der die Klienten in „konzentrierter Lebenskraft" badeten, sich dadurch körperlich vollumfänglich entspannen konnten und dies sich wiederum positiv auf deren Psyche auswirkte.

DER ORGONIT-UMWELTHARMONISIERER

Der Umweltharmonisierer sind eine weitere Art von Orgonit. Seine große Aufgabe besteht darin, die Atmosphäre wiederzubeleben, Umweltverschmutzungen entgegenzuwirken und unser Umfeld von Elektrosmog zu befreien. Wenn zum Beispiel ein lieber Mensch verstorben ist, kann ebenfalls ein solches Gerät aufgestellt werden, vorzugsweise in Zylinderform. Hier nehmen Hellsichtige wahr, dass die Akashasäulen sich weiten und eine Art Brücke zwischen dem Himmel und Mutter Erde aufgebaut wird, die es dem Geist des Verstorbenen erleichtert, die Ebenen zu wechseln.

Dadurch wird zusätzlich den Hinterbliebenen der Abschied und der Übergang erleichtert.

Das Wort „Akasha" heißt so viel wie „Raum und Äther" und bedeutet, dass unsere Welt nicht nur aus der materiellen Ebene besteht, sondern dass weitere feinstoffliche Ebenen existieren. So wird die nächsthöhere Ebene nach der uns bekannten materiellen Ebene die „Astral-Ebene" genannt.

DER ORGONSTRAHLER

Wenn Sie ein Gerät suchen, dass Sie auf einfache Art und Weise in Ihren Alltag integrieren möchten, ist ein Orgonstrahler empfehlenswert. Er dient zur Bestrahlung des feinstofflichen Energiekörpers und wird gern nach dem Bioresonanz-Prinzip zur Übertragung von Energien und Informationen verwendet. Der Orgonstrahler hat die Form eines größeren Stiftes, ist sehr leicht zu bedienen und wird sowohl für Menschen als auch Tiere, Pflanzen und die Umwelt eingesetzt. Hier sind keine speziellen Vorkenntnisse für die Anwendung erforderlich.

DER CLOUDBUSTER / CHEMBUSTER

Wie das Wort „Cloud" (deutsch: Wolke) und seine Form (ähnlich der eines Blitzableiters) schon verrät, ist der Cloudbuster ein hilfreiches Instrument, um die Atmosphäre im Allgemeinen und das Wetter im Besonderen zu beeinflussen. Der Buster besteht hier aus langen Kupferrohren, die in einem Behälter platziert werden, der mit Wasser angefüllt ist. Wie vielen von uns bereits bekannt ist, ist Wasser ein ideales Element für die Leitung von Energien. Die Rohre des Gerätes werden in diesem Fall nach oben gerichtet, um das Orgon anzuziehen. Auf den Himmel gerichtet, bricht der Buster die dort vorhandenen Wolken und nach kurzer Zeit ist schönstes Wetter zu erwarten.

Der Einsatz eines Cloudbuster neutralisiert und löst u. a. Chemtrails auf. Diese sind nichts anderes als „Kondensstreifen" von Flugzeugen, die am Himmel über unsere Köpfe hinweg fliegen und giftige Substanzen in die Atmosphäre sprühen. Auf diese Weise werden „spezielle" Wetterlagen harmonisiert, da der Luft u. a. auch die statische Aufladung entzogen wird. Auch Wettermanipulationen wie HAARP kann mit Cloudbustern entgegengewirkt werden.

Wie setzen Sie einen Orgonit wirkungsvoll ein?

W ie bereits erwähnt, ist es die Haupt-
aufgabe eines Orgoniten, negative
Orgonenergien (DOR) anzuziehen
und in positive Orgonenergie (POR) umzuwan-
deln. Dieser Vorgang ist für unser aller Leben von
Vorteil, denn täglich wird unsere ganze Familie
mit diesen negativen Energien bestrahlt und somit

belastet. Angefangen beim täglichen Griff zum Mobiltelefon, dem Nutzen von Computern, Laptops und Tablets, Radio, Fernsehen, Antennen, Wi-Fi, WLAN, Satelliten usw. Viele von Ihnen haben – oder hatten – eine Mikrowelle zu Hause stehen. So hilfreich unser derzeitiges „elektronisches Zeitalter" auch wirken mag, sind wir dennoch all den negativen Energien durch Elektrosmog mehr oder weniger ausgeliefert, die allein schon unsere neuesten Küchengeräte so von sich geben. In der heutigen Zeit gibt es unzählige elektrosensible Menschen, die darüber berichten, dass sie eine deutliche Minderung ihrer Beschwerden erfahren haben, allein dadurch, dass sie Orgonite in der Nähe ihrer Elektrogeräte aufgestellt werden, die elektrische Strahlung abgeben.

Wenn Sie sich ein wenig mit dieser Strahlung befasst haben, wissen Sie, was diese und andere Strahlungen mit uns, unserem Körper und unserem Geist anrichten können. Selbst unsere Seele wird auf Dauer durch diese Art von energetischen und elektromagnetischen Strahlungen negativ beeinflusst. Wir verlieren nach einer gewissen Zeit das Gefühl für innere Harmonie und Ausgeglichenheit und sind nicht mehr in unserer Mitte.

Und nun stellen Sie sich vor, Sie holen einen Orgonit in Ihr Leben, der all dies nicht nur positiv beeinflussen, sondern so umwandeln kann, dass es Ihr komplettes Leben verändern mag! Ist das nicht eine gigantische Vorstellung? Natürlich sind in erster Linie immer Sie selbst gefragt, wenn es darum geht, Harmonie in Ihr privates und berufliches Leben zu bringen. Doch was wäre, wenn so ein Orgonit Sie dabei auf wunderbare Weise unterstützt?

Aus eigener Erfahrung werde ich gern weiter hinten im Buch mehr dazu berichten und lade Sie ein, sich den schier grenzenlosen Möglichkeiten dieses Heilsteines mit allen Facetten Ihres Seins zu öffnen.

Gehen wir einmal davon aus, dass Sie sich einen Orgonit angeschafft und nun zu Hause an einem für Sie „passenden" Ort platziert haben. Welche Auswirkungen können Sie nun erwarten? Zu Beginn spüren die meisten Menschen bereits sehr schnell, dass ihr Umfeld plötzlich viel ausgeglichener und harmonischer wirkt, sie des Nachts einen tieferen Schlaf genießen dürfen und aus diesem Grund oft das Schlafbedürfnis im Allgemeinen weniger wird, da sie einfach ausgeruhter sind. Die Vitalität wird gesteigert und es setzt durch die Energieerhöhung ein Wohlgefühl ein, das wiederum dafür sorgt, dass Ihr Immunsystem gestärkt und resistenter wird. Hellsichtige erkennen sogar, dass sich die Aura der Betroffenen merklich gereinigt und geklärt zeigt und vergrößert wird. Es können durch den Einsatz von Orgoniten daher nicht nur Orte, sondern auch Menschen, Tiere und sogar Pflanzen von ihren Eigenschaften profitieren und Harmonisierung erfahren.

Viele meiner Klienten haben sich mittlerweile selbst einen Orgonit angeschafft und berichten, dass sich seine Eigenschaften erstaunlich auf ihr Leben ausgewirkt haben: Antriebslosigkeit und Müdigkeit sind fast vollständig verschwunden, Kopfschmerzen wurden reduziert oder völlig aufgelöst, Stress wich der Harmonie und Lernstörungen ihrer Kinder wurden geheilt.

Sollten Sie einen Orgonit z. B. auf Ihrem Kühl-schrank oder in der Vorratskammer deponieren, so werden Ihre Lebensmittel auf heilsame Weise gereinigt und geschützt. Sie können auch Ihr Trinkwasser, den Gartenteich, Brunnen, Seen und Flüsse damit energetisch reinigen und aufwerten.

Ihre Pflanzen, drinnen wie draußen, sind gesünder, fruchtbarer, stärker, wachsen schneller, werden größer und bringen Ihnen und Ihren Lieben somit noch mehr Freude in Ihr Leben. Einige meiner Bekannten erwähnten sogar, dass ihre Pflanzen deutlich weniger Schädlingsbefall hatten. Es wurden sogar Erfahrungen gemacht, bei denen ihr Orgonit die Schimmelbildung im Haus reduzierte.

In Gesprächen mit anderen Energetikern und Heilpraktikern erfuhr ich, dass auch sie bei ihren Klienten deutlich schneller deren Blockaden lösen und Anhaftungen beseitigen konnten, einfach deshalb, weil die „negative Nahrung" entzogen wurde. Dies ist sicher einer der Gründe, warum der Orgonit auch sehr gern und vor allem erfolgreich bei der Chakra-Therapie eingesetzt.

Geomantiker nutzen Orgonite zur Harmonisierung von Erdverwerfungen, Gitternetzlinien und Wasseradern. Sie sehen also, dass ein Orgonit tatsächlich überall durch seine Energie wirken kann, wenn wir ihm die Möglichkeiten dafür geben.

Wie und wo auch immer Sie einen Orgonit einsetzen, wichtig dabei ist immer Ihre Intention. Machen Sie sich vor dem Einsatz bitte stets konkret Gedanken darüber, was Sie damit erreichen möchten. Hierbei ist es wichtig, dass Sie Ihre Aufmerksamkeit ausschließlich auf Ihre positive Absicht ausrichten. Wenn Sie den Ablauf noch mit einer kleinen Zeremonie verfeinern mögen, wird Ihr Stein es Ihnen sicher danken. Sie können eine Kerze oder Räucherstäbchen entzünden oder ein Lied singen. Meine eigene Orgonit-Pyramide liebt beispielsweise Musik in harmonischen Frequenzen (432 Hz).

Jeder lebendige Körper, und dazu zähle ich auch Orte und das Wasser, nimmt die positiven Energien dankbar in seinen Organismus auf. Der Einsatz eines Orgoniten ist vielleicht vergleichbar mit alternativen Behandlungsmethoden, wie Homöopathie, Bachblüten und anderen energetischen Wirkungsweisen. Lediglich bei sehr feinfühligen Menschen kann der Einsatz von Orgonit zuerst einmal dazu führen, dass ein gewisses Unwohlsein oder sogar leichter Schwindel zu spüren sind. In diesem Fall sprechen wir von der sogenannten „Erstverschlimmerung", wie sie auch bei der Einnahme von Globuli oder anderen homöopathischen Mitteln vorkommen kann. Aber keine Sorge, diese Begleiterscheinung hält in der Regel nicht lange an und schnell stellt sich das gewünschte Wohlgefühl ein. Und so wirkt der Orgonit nicht „nur" als Heilstein für Sie und Ihre Lieben, sondern darf zusätzlich auch als Raum-Harmonisierer eingesetzt werden.

Eine beachtliche Fähigkeit der Orgoniten ist es, das Wetter positiv zu beeinflussen! Wo einst noch ein Regentanz aufgeführt wurde, behelfen sich nun viele Menschen mit unglaublichen Orgonit-Geräten wie Cloud- oder Chembustern, die, nach vorheriger sorgfältiger Reinigung im Außengelände aufgestellt werden und welche dann dafür

sorgen, schwere Gewitter, Hagel, starke Wind-
böen und sogar Tornados zu schwächen, wenn
nicht sogar abzuwehren.

Für den Fall, dass Sie vielleicht nicht die finan-
ziellen Mittel besitzen, um einen solchen Chembuster zu erwerben, und Ihnen das handwerkliche
Geschick fehlt, einen solchen selbst zu bauen,
möchte ich Ihnen einen kleinen Rat geben, der
Ihnen zumindest in Ihrem direkten Umfeld dienen
kann: Füllen Sie eine Schale oder einen Wasserko-
cher mit heißem Essigwasser, stellen Sie es draußen in den Garten und lassen Sie das Essigwasser
verdampfen. Dann lassen Sie sich einfach überraschen! Wo eben noch Chemtrails und HAARP-
Wolken den Blick merklich trübten und sich ge-
sundheitlich negativ auf Sie und Ihre Familie auswirken konnten, öffnet sich auf einmal der Himmel und erstrahlt im ungeahnten Blau. Probieren
Sie es einfach einmal aus.

Eines wird hier ganz deutlich: Sie bekommen
mit einem Orgonit ein Werkzeug an die Hand,
dass Sie dabei unterstützt, bestimmte Plätze von

uralten Konflikten und destruktiven Energien zu befreien.

Zur Vereinfachung liste ich Ihnen hier verschiedene Bereiche auf, bei denen der Orgonit Sie unterstützen kann:

- beruhigt Emotionen und Gemüter

- energetisiert Wasser und Lebensmittel

- fördert das Bewusstsein

- harmonisiert Wohn- und Arbeitsräume und schafft eine positive Atmosphäre

- schützt vor Elektrosmog

- stärkt den Energiekörper und die Chakren

- schützt vor negativen Auswirkungen und Einflüssen (innen wie außen)

- unterstützt das Immunsystem

- verbessert den Schlaf und bringt angenehme Träume

- verbessert die Stimmung

- wird als Schutzstein genutzt und zur Reinigung

- wirkt heilend auf Körper, Geist und Seele (z. B. bei Ängsten, Depression, Trauer etc.)

• wirkt sich positiv auf Tiere und Pflanzen aus

Die Liste kann mit Sicherheit noch weiter fortge-
führt werden, wie weiter oben beschrieben.

Welche Formen von Orgonit gibt es?

F alls Sie sich schon ein wenig mit Orgoniten befasst und vielleicht das Internet durchforstet haben oder über Mineralien-Messen geschlendert sind, werden Sie die Erfahrung gemacht haben, dass es tatsächlich unzählige Arten von Orgoniten gibt. Die jeweiligen Ausführungen sind so unterschiedlich wie ihre Erschaffer und die

Qual der Wahl kann lediglich dadurch erleichtert werden, indem Sie sich bereits vorher Gedanken darüber machen, wofür Sie Ihren Orgonit einsetzen wollen und was er letztendlich bewirken soll.

Die Formen sind so umfangreich und großartig wie unsere Fantasie. Doch nicht jede Form passt für jeden Einsatz. Möchten Sie beispielsweise Ihr Wasser energetisieren, macht so eine Glasflasche sich besser auf einem Orgonit-Untersetzer als auf einer Kugel stehend, nicht wahr? Für welchen Orgonit Sie sich auch immer entscheiden mögen, achten Sie darauf, wofür Sie ihn anwenden möchten.

Die Pyramidenform ist bei vielen Einsteigern am beliebtesten, da sie nicht nur eine starke Wirkungskraft hat, sondern weil sie zudem optisch auch noch sehr gut aussieht und schnell ihren Platz in Ihrem Zuhause finden wird. Doch, wie versprochen, gebe ich Ihnen nun eine kleine Übersicht über weitere mögliche Arten und Formen:

- Amulette
- Anhänger
- Diamantform
- Energiestäbe
- Halbkugel
- Handschmeichler
- Herzform
- Hexagramm
- Kegel
- Kristallschädel
- Kugel
- Massagestab
- Medaillons
- Orgonstrahler
- Platten (Untersetzer), rund oder eckig
- Pyramide
- Tropfen
- Untersetzer
- Zylinder u. v. m

Viele von diesen Produkten tragen verschiedene Symbole in sich, wie z. B. Triskelen, die Blume des Lebens, Spiralen oder Zeichen der heiligen

Geometrie. Diese Zeichen steigern die Orgonit-Effektivität enorm.

Die Größen variieren hier sehr stark und sind davon abhängig, wie weit die Wirkung eines Orgoniten reichen soll. Aber wie heißt es so schön? Es kommt nicht immer auf die Größe an. Sollte ein Orgonit stark beansprucht werden, weil beispielsweise das Büro mit elektronischen Geräten vollgestopft ist, so ist der Stein einfach öfter zu reinigen, um ein Optimum zu gewährleisten.

Wie finden Sie für sich den passenden Orgonit?

Sicher ist dies ein großes Thema für jeden, der gerade anfängt, sich mit Orgoniten und deren wertvollen Wirkungsweisen zu beschäftigen. Doch seien Sie sich gewiss, in dem Moment, in dem Sie sich dafür entscheiden, einen Orgonit in Ihr Leben zu lassen, wird er Sie finden.

Allein mit der Absicht öffnen Sie, energetisch gesehen, die richtigen Türen und ich bin mir sicher, dass Sie in kürzester Zeit den für Sie perfekten Orgonit haben werden.

Sobald Sie wissen, wofür Sie Ihren ganz eigenen Orgonit einsetzen möchten, schauen Sie sich die verschiedenen Formen in Ruhe an und, falls Sie einen solch herrlichen Heilstein Ihr Eigen nennen wollen, besuchen Sie eine Mineralien-Messe, Kunsthandwerksausstellungen oder verschiedene Läden Ihres Vertrauens und lassen Sie die Orgoniten „live" auf sich wirken. Sicher gibt es im Internet unzählige Anbieter, doch die jeweiligen Energien erspüren Sie am besten vor Ort, wenn Sie so einen Orgonit in den Händen halten. Und sollten Sie sogar einen lokalen Händler in Ihrer Nähe haben, machen Sie auch ihm mit Ihrem Kauf eine große Freude.

Sie werden mit Sicherheit intuitiv erspüren, welches „der Richtige" für Sie ist. Lassen Sie einfach Ihr Herz entscheiden!

Meine persönlichen Erfahrungen

Auf den vergangenen Seiten sind ja bereits ab und an meine eigenen Erlebnisse eingeflossen, dennoch möchte ich in jedem Fall noch erwähnen, welche wundervollen Erfahrungen ich mit meinem Orgonit als Energetikerin und Tierkommunikatorin machen durfte.

So ist meine Pyramide, mit einigen anderen liebgewonnenen Heilsteinen, mein ständiger Begleiter, wenn ich für eine Heilsitzung meinen

Heilungsraum aufsuche. Seitdem mich der Orgonit bei meinem energetischen Wirken unterstützt, spüre ich jedes Mal sehr deutlich, wie präsent seine Energie sich im Raum entfaltet, sofort alte, verbrauchte und negative Energien regelrecht aufsaugt, diese transformiert und als positive Energien wieder abstrahlt. Meine Klienten fühlen sich sichtlich wohl, lassen viel schneller von alten Glaubenssätze und nicht hilfreichen Angewohnheiten los und öffnen sich noch schneller für die heilenden Energien, die sie bei ihren Themen unterstützen können.

Wenn ich Seelengespräche mit meinen tierischen Klienten durchführe (Tierkommunikation), unterstützt der Orgonit dabei, den „Kanal" sauber und aufrechtzuerhalten und ein geschütztes Umfeld zu schaffen. Aber schon mit der reinen Anwesenheit dieses heilenden Steines lasse ich auch Tiere und Pflanzen im näheren Umkreis von seinen positiven Schwingungen profitieren.

In meinen eigenen vier Wänden energetisiert die Orgonit-Pyramide auf wundervolle Weise meine Lebensmittel und mein Trinkwasser, sodass ich mich nach dem Essen nicht müde, sondern wohlgenährt und gestärkt fühle. Und auch bei mir selbst nehme ich positiv wahr, dass meine Atmung viel leichter wird, meine Gedanken klarer sind und Ideen und Lösungsansätze viel schneller erarbeitet und umgesetzt werden.

Allerdings möchte ich auch erwähnen, dass es äußerst sensible Menschen gibt, denen die Energien eines Orgoniten zu stark sind und die, wenn der Stein sich in ihrem Schlafzimmer befindet, tatsächlich manchmal Probleme haben, ein- oder durchschlafen zu können. Sollten Sie zu diesen Menschen gehören, ist diesem Fall jedoch leicht Abhilfe zu schaffen, indem Sie den Orgonit einfach in einen anderen Raum stellen.

Experimente mit Orgoniten

Viele von Ihnen haben im Laufe dieser Lektüre erkannt, wie hilfreich der Orgonit als Heilstein eingesetzt werden kann. Zusätzlich möchte ich gern auch auf weitere spannende Aspekte eingehen, die der Einsatz von Orgonit mit sich bringt. Hierzu wurden bereits von vielen Anwendern unterschiedliche Experimente durchgeführt und auch veröffentlicht. Einige davon möchte ich Ihnen nun gern vorstellen.

Sollten Sie die Lust verspüren, ein paar dieser Tests selbst durchzuführen, nur zu! Zur Unterstützung benötigen Sie lediglich ein Pendel oder Biotensor (Einhandrute) Ihrer Wahl sowie verschiedene Radiästhesie-Test-Tafeln (spezielle Pendelkarten), auf denen Sie BOVIS-Werte ablesen können. Diese Test-Tafeln können Sie in jedem guten Fachhandel oder über das Internet käuflich erwerben. Aber was genau verstehen wir eigentlich unter „BOVIS"?

BOVIS gibt die Lebenskraft, die Vitalität bei Menschen, Tieren und Pflanzen etc. an. Um die Lebenskraft zu messen, existiert eine sogenannte „Frequenzskala": die BOVIS-Skala (auch bekannt als „Biometer nach Bovis"). Die BOVIS-Skala wurde von dem französischen Physiker A. Bovis entwickelt und durch André Simoneton noch perfektioniert.

Der auf der Skala aufgezeigte Wert wird in Bovis-Einheiten, kurz BE, ausgedrückt und gibt u. a. den Schwingungszustand von Materie an. Er zeigt u. a. auf, wie gut und vor allem nahrhaft unsere Lebensmittel sind. So ist es nicht verwunderlich, dass frisch geerntetes Obst und Gemüse eine sehr viel höhere Lebenskraft aufweist als Waren, die schon länger irgendwo lagerten oder womöglich in Plastikfolie eingeschweißt oder eingefroren wurden.

Der BOVIS-Wert ist vergleichbar mit einem energetischen pH-Wert, nur wird er – anstelle von sauer/basisch – hier in energiegebend/energienehmend unterteilt. Der BOVIS-Wert eines gesunden Menschen liegt zwischen 6.500 und 8.000 BE.

Wie Sie sich bereits denken können, ist ein Lebewesen oder Produkt weniger vital, wenn der Wert auf der BOVIS-Skala niedrig ist. Wird bei einem Menschen zum Beispiel ein Wert von weniger als 6.500 BE gemessen, so ist er anfälliger für Krankheiten, da sein Energieniveau stark abgesackt ist.

Aber kommen wir nun zu den angekündigten Experimenten, die ich hier in Kurzform wiedergeben möchte. Anhand der vorangegangenen Erläuterungen ist es sicher verständlich geworden, wie wichtig es ist, energiereiche Nahrungsmittel zu konsumieren, um unserem Körper etwas Gutes zu tun. Aus diesem Grund prüfen wir einmal nach, welche Werte bestimmte Lebensmittel wie Obst und Gemüse, Produkte aus Vollkorn und sogenanntes „lebendiges" Wasser aufweisen und wie diese Werte sich zum Positiven veränderten, nachdem wir sie mit unserem Orgonit energetisiert haben.

1. Experiment – Leitungswasser

Begonnen haben wir mit herkömmlichem Leitungswasser und konnten lediglich einen BOVIS-Wert von knapp unter 5.000 BE messen. Nachdem wir das Glas Wasser jedoch für kurze Zeit auf einen Orgonit-Untersetzer gestellt hatten, erhöhte sich der Wert rapide auf 9.000 BE, Tendenz steigend.

2. Experiment – Ei

Zu Beginn maßen wir bei einem rohen Ei einen Wert von 6.000 BE. Nachdem wir es mit einem Orgonit energetisierten, erhöhte sich der Wert auf unfassbare 1.000.000 BE!

3. Experiment – Banane

Eine reife Banane, die vorher bei knapp 9.000 BE lag, wies nach Nutzung des Orgoniten einen Wert von 100.000 BE auf.

4. Experiment – Brot

Ein frisch gebackenes Vollkorn-Brot maß 12.000 BE. Nach dem Einsatz des Orgoniten stieg auch hier der Wert auf knapp 1.000.000 BE!

5. Experiment – Gemüsebeete

Im Jahr 2014 machte sich Mark Bennett, ein investigativer Journalist aus Brighton, daran, ein Video von zwei Gemüsebeeten aufzunehmen und der Öffentlichkeit zur Verfügung zu stellen, um zu beweisen, dass Orgonit funktioniert. In einem der beiden Beete platzierte er an allen vier Ecken einen Orgonit, das andere Beet beließ er ohne. Das Ergebnis war, dass die Pflanzen in dem „Orgonit-Beet" nicht nur größer waren, sondern zudem auch noch viel gesünder und kräftiger waren und farbenfroher aussahen. Dieses Experiment führte

Mark Bennett ein Jahr später noch einmal durch und kam zu den gleichen Resultaten.

6. Experiment – Farmer

Nach dem vorher genannten Experiment ging Mark Bennett einen Schritt weiter und verteilte knapp 100 Orgonite an Bauern und Gärtner, mit denen diese Menschen wiederum experimentieren konnten. Einer der Farmer, Herr P. Barker, erlangte faszinierende Ergebnisse: Er hatte sein Gemüse, das er dem Orgonit aussetzen wollte, in viel schlechtere Böden gepflanzt als die Vergleichspflanzen. Das orgonisierte Gemüse war jedoch jedes Mal erheblich größer und schmackhafter.

7. Experiment – Rosen

Eine junge Frau erhielt einen Strauß gelber Rosen geschenkt, die nach zwei Tagen zu welken anfingen. Sie teilte die Blumen auf drei Vasen, wobei die 1. Vase auf einem Orgonit-Untersetzer stand. Der 2. Vase fügte sie die mitgelieferte Blumennahrung hinzu und die 3. Vase diente zur Kontrolle – ohne Orgonit und ohne Blumennahrung. Alle paar

Stunden machte sie Fotos von den Rosen und konnte festhalten, dass die organisierten Blumen sogar noch schöner wurden, während die andere beiden Sträuße immer mehr verwelkten.

Alles in allem war schnell und deutlich zu erkennen, wie unser Orgonit die Qualität der getesteten Produkte erhöhte und somit messbar zu einer besseren Lebensqualität beitragen kann.

Wichtig zu wissen ist, dass Lebensmittel unter 6.000 BE energieraubend sind, Produkte mit einem Wert von bis zu 6.500 BE als „neutral" angesehen werden und Lebensmittel sowie natürlich auch das Trinkwasser mit einem Wert von über 6.500 BE als energiegebend bezeichnet werden. Es wurde sogar festgestellt, dass sämtliche Lebensmittel, die den BOVIS-Wert von 12.000 BE überschreiten, durch ihre energiespendende Wirkung bereits Heilschwingungen in sich tragen.
Die Werte von destilliertem Wasser, Industriezucker, Süßigkeiten und Alkohol liegen übrigens zwischen 3.000 und 6.000 BE.

Wenn Sie also wieder einmal vom Supermarkt zurückkehren, überprüfen Sie doch einfach Ihre Einkäufe mithilfe eines Pendels und der Testkarten – vor und nach dem Einsatz Ihres Orgoniten.

Orgonit-Rituale

Sicher ist es nicht für jeden etwas, sogenannte Rituale durchzuführen. Doch wer von Ihnen bereits seine eigenen, positiven Erfahrungen machen durfte, weiß, dass ein solches Prozedere oftmals noch schneller, umfangreicher und effektiver zu der jeweils gewünschten Wirkung führt.

Ich selbst habe erkennen dürfen, dass auch der Orgonit zu den Dingen im Leben gehört, die dankbar für diese außergewöhnliche Aufmerksamkeit und Würdigung sind. Und so kann ich Ihnen nur empfehlen, ein Ritual, dass Ihnen zusagt, auszuprobieren. Wichtig ist, dass Sie sich selbst einfach wohlfühlen, bei dem, was Sie tun. Niemandem ist damit geholfen, wenn Sie sich „verbiegen", nicht wahr?

Wie kann nun so ein Ritual aussehen? Ein Vorschlag wäre, wenn Sie Ihren Orgonit auf einem Tisch platzieren und rundherum Kerzen und/oder Räucherware entzünden und ein Gebet Ihrer Wahl sprechen. Wie bereits erwähnt, lieben Orgonite Klänge. Es spricht also nichts dagegen, wenn Sie vielleicht ein Lied anstimmen, dass Ihnen besonders am Herzen liegt. Natürlich reicht es aber auch völlig aus, wenn Sie Ihrem Orgonit einfach aufrichtig danken. Ich möchte an dieser Stelle gar keine detaillierten Vorgaben machen, welche Worte Sie wählen sollten, denn ich bin zuversichtlich, dass Sie genau das Richtige tun und sagen werden, solange es aus Ihrem Herzen kommt.

Dies war nun ein Beispiel, wie Sie ein Ritual für Ihren Orgonit durchführen könnten. Selbstverständlich können Sie Rituale auch mit

Orgoniten zelebrieren. Diese können spiritueller Natur sein oder aber ganz einfach in Ihren Alltag integriert werden. So fällt mir zum Beispiel spontan ein, dass ich ab und an für einen gewissen Zeitraum jeden Abend, wenn ich den Tag habe ausklingen lassen, meine Orgonit-Pyramide auf mein Nachttischchen stellte und darum bat, meinen Schlafraum energetisch zu reinigen und eine angenehme Atmosphäre für meinen Schlaf und hilfreiche Träume zu schaffen.

Eine andere Idee ist, dass Sie jedes Mal, wenn ein wichtiger Termin im Büro ansteht, Ihren Orgonit am Abend vorher reinigen und dann mit zur Arbeit nehmen. Platzieren Sie ihn dort, wo es sich für Sie stimmig anfühlt. Dann bitten Sie den Orgonit, eine entsprechend positive Energie zu verbreiten, die es allen Beteiligten ermöglicht, sich gegenseitig zu respektieren, sich klar zu artikulieren und verständnisvoll und hilfreich zu agieren bzw. zu reagieren. Sie werden erstaunt sein, wie sehr Ihnen ein solches Ritual gefallen könnte. Und darüber hinaus entwickeln sich mit Ihren Kollegen und Geschäftspartnern vielleicht zusätzlich interessante Gespräche über das Berufliche hinaus.

Den Möglichkeiten und vor allem Ihrer eigenen Fantasie sind keine Grenzen gesetzt und ich bin mir sicher, Ihr Orgonit, ob nun bereits vorhanden oder noch mental „in Arbeit", wird es Ihnen danken und Sie mit Freuden unterstützen!

Meditationen mit einem Orgonit

1. HEILMEDITATION

Nachdem wir nun schon viele Bereiche angesprochen haben, die wissenswert sind, wenn Sie sich mit Orgonit beschäftigen wollen, möchte ich das Thema Meditation aus energetischer und heilerischer Sicht sehr gern ebenfalls aufnehmen und Ihnen eine Anleitung an die Hand geben, die Sie jederzeit umsetzen können.

Spüren Sie zunächst einmal, welche positive Absicht Sie mit der Meditation verfolgen. Welche

Situation oder Befindlichkeit möchten Sie in Ihrem Leben verändern? Bitte vermeiden Sie generell negativ formulierte Sätze. Auch wenn wir in der Regel eher wissen, was wir nicht wollen, so ist es in der heutigen Zeit umso wichtiger, sich Gedanken darüber zu machen, was Ihr tatsächlicher Wunsch ist. Dieses Ziel vor Ihrem inneren Auge zu visualisieren und die Freude darüber zu spüren, „es" bereits erlangt zu haben, hilft Ihnen zusätzlich dabei, das gewünschte Ergebnis in naher Zukunft zu erlangen.

Falls Sie den Impuls verspüren sollten, zu Ihrem Orgonit noch weitere Heilsteine zu dieser Meditation hinzuzunehmen, nur zu. Das Schöne ist, Sie können nichts falsch machen, solange Sie Ihrem Bauchgefühl, Ihrer Intuition folgen. Bestenfalls werden die Steine sich untereinander ergänzen und sogar noch verstärken. Bitte denken Sie jedoch daran, die Steine vorab gründlich zu reinigen und, falls nötig, aufzuladen.

Bitte achten Sie unbedingt darauf, dass Sie den für sich besten Zeitpunkt wählen. Sie sollten auf jeden Fall für einige Minuten ungestört sein und sich entspannen können.

Lenken Sie nun Ihre Aufmerksamkeit noch einmal auf die Absicht, die Sie mit der Meditation verfolgen möchten.

Dimmen Sie das Licht im Raum und entzünden Sie eine schöne Kerze. Natürlich können Sie auch eine Duftkerze verwenden, der Geruch sollte Sie jedoch nicht ablenken.

Legen Sie sich dann gemütlich hin und platzieren Sie den Orgonit auf Ihrem Solarplexus. Ziehen Sie es vor, im Sitzen zu meditieren, halten Sie ihn einfach liebevoll in Ihrer Hand. Mögliche weitere Heilsteine können Sie ebenfalls an Ihrem Körper platzieren oder bei der leuchtenden Kerze.

Schließen Sie jetzt die Augen und lenken Sie Ihre Aufmerksamkeit auf Ihren Atem. Aus eigener Erfahrungen möchte ich Ihnen die Bauchatmung empfehlen, da sie am gesündesten ist und zusätzlich für die nötige Entspannung sorgt. Folgen Sie eine Weile Ihrem Atem, wie dieser kraftspendende Odem durch Ihren Körper fließt. Wenn Sie mögen, können Sie auch goldenes Licht visualisieren, das mit jedem Atemzug jede Zelle Ihres göttlichen Seins erfüllt. Beim Ausatmen denken Sie mental einfach die Worte: „Ich lasse los."

Nun lassen Sie Ihre Aufmerksamkeit zu dem Stein wandern, visualisieren nochmals Ihre positive Absicht und kommunizieren Sie mental mit dem Orgonit. Sie werden intuitiv die richtigen Worte für Ihr Anliegen finden. Bleiben Sie einfach im Vertrauen und vor allem in der Ruhe.

Nehmen Sie wahr, welche Gedanken in Ihnen aufkommen. Bewerten Sie sie nicht und lassen Sie sie einfach weiterziehen – wie kleine weiße Wolke an einem strahlend blauen Himmel.

Wenn Nebengeräusche zu Ihnen dringen, ist dies vollkommen in Ordnung. Diese unterstützen Sie dabei, noch mehr in die erwünschte Ruhe und Entspannung zu kommen und in diesem Moment vollkommen loszulassen.

Ich kann Ihnen nur empfehlen, keine Gedanken, Gefühle oder Geräusche unterdrücken zu wollen. Dies wäre kontraproduktiv und wühlt Sie sogar eher noch auf. Lassen Sie einfach zu, was nun geschehen und zu Ihnen kommen mag.

Wenn Sie in der Stille sind, spüren Sie Ihrem Atem nach und was sich gerade in Ihrem Körper tut. Haben Sie vielleicht Verspannungen oder Schmerzen? Kribbelt es eventuell irgendwo? Sind Ihre Hände oder Füße auffallend kalt oder warm? Nehmen Sie einfach alles in Ruhe wahr, ohne es zu beurteilen. Alles darf genau so sein, wie es gerade ist. Fordert eine ganz bestimmte Stelle an Ihrem Körper besonders Ihre Aufmerksamkeit? Dann können Sie Ihren Orgonit jetzt dort auflegen. Sind Sie bereit, Altes loszulassen und heilende Wandlung (Transformation) zuzulassen?

Erlauben Sie sich, noch tiefer in die Entspannung zu gehen, und spüren Sie den Orgonit auf Ihrer Haut. Vielleicht fühlen Sie sogar, dass ein Energiefluss stattfindet und der Orgonit und/oder Ihr Körper zu pulsieren beginnt. Bitten Sie einfach um allumfassende Heilung und lassen Sie „es" geschehen. Nehmen Sie die gnadenvolle Hilfe in Dankbarkeit und Demut an.

Verweilen Sie so lange in dieser Heilmeditation, wie es sich für Sie gut anfühlt. Wenn Sie fertig sind, bedanken Sie sich für die heilbringende

Unterstützung Ihres Orgoniten. Atmen Sie noch einmal tief ein und aus, öffnen Sie Ihre Augen und kommen Sie in Ihrem Tempo ausgeruht, frisch und mit Leichtigkeit erfüllt zurück in Ihren Tag.

2. MERKABA-MEDITATION

Bevor ich beginne, Ihnen diese Merkaba-Meditation vorzustellen, erläutere ich Ihnen kurz, was die Merkaba (ursprünglich MerKahBah) überhaupt ist. Der Begriff kommt aus der alten jüdischen Mystik und der modernen Spiritualität. Die Merkaba besteht aus drei gleich großen, ineinander greifenden Tetraedern, die ein gemeinsames Zentrum besitzen. Die Bedeutung ist „Wagen/Gefährt des Aufstiegs" und wird als interdimensionales Vehikel (Lichtfahrzeug) angesehen. Forscher bezeichnen die Merkaba auch oft als Sterntetraeder. Das Wort setzt sich aus drei Worten zusammen:

Mer	bedeutet „das Licht"
Ka	bedeutet „der Geist"
Bah	bedeutet „der Körper"

Ziel der nun folgenden Meditation ist es, ein lebendiges Merkaba-Feld um den eigenen Körper aufzubauen, um – nach einer gewissen Übung – mit „Leichtigkeit" durch Raum und Zeit zu reisen.

Beginnen wir nun mit Meditation. Auch hier gilt, sich einen ungestörten Raum und Zeitrahmen zu suchen, der es Ihnen erlaubt, sich voll und ganz zu entspannen. Der beste Zeitpunkt ist tatsächlich vor dem Essen. Ihr Magen sollte leer sein und die letzte Mahlzeit mindestens vier Stunden zurückliegen. Da diese Meditation sehr kraftvoll ist, sollten Sie vorher noch Ihren Darm und Ihre Blase entleeren.

Bei dieser Meditation nutzen Sie im Idealfall ein Meditationskissen oder eine Yogamatte. Falls Sie beides nicht zur Hand haben, nehmen Sie einfach einen Stuhl. Bitte legen Sie in jedem Fall sämtlichen Schmuck ab und tragen Sie auch weder Handy noch Schlüssel bei sich.

Ihr Orgonit findet seinen Platz entweder direkt vor Ihnen oder auf einem kleinen Tisch, auf dem Sie vielleicht auch noch eine Kerze entzünden mögen.

Setzen Sie sich am besten so hin, dass sich Ihre Knie unterhalb Ihres Hüftgelenkes befinden. Dadurch wird sichergestellt, dass sich Ihre Wirbelsäule gerade und die Pranaröhre mittig in ihr befindet. Sie erinnern sich? „Prana" ist eines von vielen Worten, das für die „Lebensenergie" steht. Am besten stellen Sie sich einfach eine Art Leuchtstoffröhre vor, die senkrecht durch Ihren Körper verläuft, am Kopf angefangen, durch die Zirbeldrüse, weiter durch Ihren Rumpf und zum Schluss am Ende Ihrer Wirbelsäule wieder aus Ihrem Körper heraustritt – hinunter bis in Mutter Erde.

Ihre Hände legen Sie, mit den Handflächen nach oben, locker auf Ihren Beinen oder Ihrem Schoß ab. Falls Sie sich mit Mudras auskennen, so können Sie ein passendes Mudra wählen. „Mudras" sind bestimme Handstellungen, die in vielen spirituellen Übungen zum Einsatz kommen und eine Meditation noch vertiefen können. Zudem behaupten sowohl die Tibeter als auch die Hindus, dass Sie dadurch Ihren Körper bewusst an einen bestimmten elektrischen Schaltkreis in Ihrem Körper anschließen, der Ihre Energien harmonisch fließen lässt.

Schließen Sie nun die Augen und kommen Sie bewusst in die Atmung. Bei dieser Einstiegsmeditation empfehle ich Ihnen die sogenannte „Prana-Atmung". Zu einem späteren Zeitpunkt wird allerdings die sogenannten „Pranayama-Atmung" empfohlen, die insgesamt aus umfangreichen „18 Schritten" besteht. Diese hier zu erläutern, würde den Rahmen sprengen und ist meines Erachtens auch tatsächlich besser mit der persönlichen Unterstützung eines Lehrers durchzuführen, da sie sehr machtvoll ist.

Bei der Prana-Atmung atmen Sie bitte gleichmäßig für fünf Sekunden tief durch die Nase ein und spüren nach, wie sich Ihr Bauch ausdehnt. Nun halten Sie den Atem für fünf Sekunden an. Atmen Sie fünf Sekunden lang wieder ruhig und vollständig aus und machen Sie dann eine Pause von fünf Sekunden, bevor Sie mit dem nächsten Atemvorgang beginnen.

Geübte Menschen atmen und halten jeweils sieben oder sogar bis zu zehn Sekunden. Aber setzten Sie sich hiermit bitte nicht unter Druck. Wichtig ist, dass die Atmung regelmäßig und bewusst erfolgt. Wenn Sie den Vorgang einige Minuten praktiziert haben und sich innere Ruhe einstellt, bitten Sie spätestens jetzt Ihren Orgoniten um seine Unterstützung bei dem weiteren Vorgehen.

Visualisieren Sie nun Ihre eigene Merkaba um sich herum – Sie sitzen also förmlich im Zentrum der drei Tetraeder, die gleichmäßig um Sie herum rotieren. Atmen Sie weiter wie vorher beschrieben.

Mit der liebevollen Unterstützung Ihres Orgoniten wird Ihnen – nach einer gewissen Übung – bewusst werden, wie sich Ihr materieller Körper plötzlich „auflöst". Keine Sorge, selbstverständlich befinden Sie sich körperlich auch weiterhin in Ihrem Meditationsraum, doch Ihr Geist löst sich für eine gewisse Zeit und Sie haben nun die wundervolle Chance, sich auf eine Reise zu anderen Orten zu begeben, die Sie vielleicht immer einmal besuchen wollten. Möglicherweise zieht es Sie zur Venus hin oder Sie wollten immer schon mal sehen, wie denn unsere „neue Erde" aussehen mag?

Natürlich können Sie auch eine Art Zeitreise begehen, allein der mentale Gedanke reicht dann aus, um sich in frühere Leben oder in mögliche Zukünfte zu begeben. Bleiben Sie offen für alles und vor allem: Bleiben Sie in Ihrem Herzen und im Vertrauen und lassen Sie Ihr Bewusstsein sich erweitern und Ihnen spannende Erfahrungen schenken, die Sie sicherlich niemals wieder vergessen werden.

Wenn Sie Ihre Reise beenden möchten, richten Sie Ihre Aufmerksamkeit wieder vollständig auf Ihren Atem. Hier können Sie auch abermals Ihren Orgoniten um zusätzliche Hilfe bitten. Lassen Sie sich unbedingt Zeit beim „Zurückkommen" und beginnen Sie damit, vorsichtig Ihre Finger zu bewegen und die Füße. Erst wenn Sie sich ganz sicher sind, wieder im Hier und Jetzt angekommen zu sein, nehmen Sie noch einmal einen tiefen Atemzug, öffnen Sie Ihre Augen und begrüßen Sie frisch und ausgeruht Ihren Tag.

Von dieser kraftvollen Meditation profitieren übrigens nicht nur Sie selbst. Auch Ihr Orgonit wird es Ihnen danken, denn in diesem Beispiel hat er Sie nicht nur unterstützt, sondern durch den Zugang zu „anderen" Welten bekommt er die Möglichkeit, sich auf ganz besondere Weise energetisch aufzuladen, die über das „Hier und Jetzt" weit hinaus geht. Seine Fähigkeiten steigen also mit dieser Art der Meditation noch weiter.

Wie können Sie Orgonite selbst herstellen?

W ie versprochen, widmen wir uns nun dem Bereich, wie Sie Ihren Orgonit selbst herstellen können. In meinem Beispiel habe ich eine Pyramidenform genommen. Selbstverständlich können Sie auch jede andere Form wählen, die für Ihren gewünschten Anwendungsbereich vorteilhaft ist und Ihnen besonders zusagt. Abgesehen von einer sauberen Arbeitsfläche benötigen Sie nun Folgendes:

- Epoxidharz, Polyesterharz oder natürliches („organisches") Harz

- etwas Blattgold

- eine Pyramidenform

- eine Bergkristallspitze (sorgt für das nötige energetische Gleichgewicht)

- eine Kupferspirale*, womit der Bergkristall umwickelt wird

- auf Wunsch einen durchsichtigen Aufkleber mit dem Symbol* „Blume des Lebens"

- verschiedene Mineralien* / Edelsteine / Kristalle

- wie z. B. kleine Amethysten (auch als „Seelensteine" bekannt)

- grünen Aventurin (auch als „Tibetstein" bekannt)

- Heliotrop (besonders magisch, auch als „Sonnwendstein" bekannt)

- Shungit (ein besonders mächtiger Schutzstein)

- feine Eisenspäne, gern verschiedene Sorten (es können auch andere Metalle oder z. B. Nägel oder Schrauben sein)
- eine kosmische Spirale, aus Kupfer gedreht (SBB-Spirale)

Je nachdem, welchen speziellen Zusatznutzen Sie wünschen, verwenden Sie einfach das entsprechende Symbol*. Um Ihnen die Auswahl etwas zu erleichtern, führe ich hier nun für Sie vorab einige spirituellen Symbole an und deren Bedeutung:

BLUME DES LEBENS

Die „Blume des Lebens", bestechend durch ihre einfach und dennoch perfekte Symmetrie, ist wohl das bedeutendste Symbol der heiligen Geometrie. Sie besteht aus 19 ineinander liegenden Kreisen, wobei die ersten 7 Kreise im Zentrum die „Saat des Lebens" bilden und auf die 7 Tage der Schöpfungsgeschichte hinweisen sollen. Die Kreise selbst stellen eine Blüte mit 90 Blütenblättern dar. Der „Blume des Lebens" wird nachgesagt, dass in ihr der Bauplan des Universums gespeichert sein soll. Sie wird gern dafür eingesetzt, um die Energien im eigenen Körper oder in einem Raum anzuheben. Auch sie, so wie der Orgonit, vitalisiert Wasser und Lebensmittel und neutralisiert Elektrosmog.

YIN YANG

Dieses spirituelle Zeichen entspringt offiziell der daoistischen Lehre. Bei weiteren Recherchen finden man jedoch schnell heraus, dass seine Geschichte viel älter ist. In ihm wirkt das Gesetz der entgegengesetzten Pole bzw. Gegensätze, die einander bedingen und sich gegenseitig ergänzen: das Männliche und das Weibliche, oben und unten, Licht und Schatten, Tag und Nacht usw. Das eine ist ohne das andere nicht denkbar. Beide Seiten des Symbols werden durch eine harmonisch verlaufende S-Linie voneinander getrennt, die im Regelfall schwarz und weiß dargestellt werden. Der weiße Bereich enthält einen schwarzen Punkt und die schwarze Seite einen weißen. Damit will die fernöstliche Philosophie aufzeigen, dass alles auf der Welt aus zwei Seiten, zwei Gegensätzen besteht, zusammen ein Ganzes ergeben und dass sich beide Kräfte, Yin und Yang, ergänzen. So wird uns verdeutlicht, dass jedes alles Existierende ein Gegenstück hat und erst zusammen ein vollkommenes Ganzes entsteht.

OM

OM ist die Ursilbe im altindischen Sanskrit und gilt sowohl bei den Hindus als auch bei den Buddhisten als heilig. Einfach übersetzt bedeutet sie so viel wie: „Alles, was gewesen ist, alles, was ist, und alles, was noch sein wird." und vereinigt die Vergangenheit mit der Gegenwart und der Zukunft. Das OM-Symbol steht für die 3 großen Götter Brahma, Shiva und Vishnu und wird im Sanskrit AUM geschrieben. Beim Chanten (Singen von spirituellen Liedern) oder Mantrasingen (Singen heiliger Wortfolgen, um sich mit dem Göttlichen zu verbinden; eine Meditationstechnik) wird spürbar eine hohe Schwingung freigesetzt. Daher eignet sich sowohl der Ton als auch das Symbol gut für

Meditationen. Ihm wird nachgesagt, dass es den Raum mit göttlicher Energie erfüllt. OM ist alles im ewigen Wandel.

LOTUSBLUME

Diese wunderschöne, mythische Pflanze hat eine heilige Bedeutung. Sie steht, spirituell betrachtet, für die Reinheit des Herzens, ewiges Leben, Liebe, spirituelle Erleuchtung, Transformation, Wiedergeburt, Wissen und Weisheit. Die Lotusblume bietet Schutz vor ungewünschten „Gästen" wie Schädlingen und Parasiten. Als Symbol wird diese prächtige Blume oft mit 7 Blütenblättern gezeigt, die die 7 Hauptchakren darstellen sollen.

BAUM DES LEBENS

Mit diesem Symbol verbinden wir die innerliche Stärke sowie die außerordentliche Kraft. Von Natur aus gilt der Baum mit seinen tief reichenden Wurzeln als bodenständig. Die Äste hingegen streben jedoch dem Himmel entgegen und vermitteln uns das Gefühl, einer hoffnungsvollen Zukunft zu begegnen. Der Baum ist verbunden mit Mutter Erde und dem Himmel und erinnert an Hermes Trismegistos' Seins-Formel „wie oben, so unten". Bereits im Alten Testament wird „der Baum des Lebens" erwähnt, ist er doch gleich neben dem „Baum der Erkenntnis" zu finden. Sinnbildlich steht er für die Weiblichkeit, die kosmische Ordnung und symbolisiert Stabilität und Beständigkeit sowie das Erwachen und die Erdung.

METATRON-WÜRFEL

Der Metatron-Würfel zählt zu den Symbolen mit den höchsten Schwingungsenergien und ist eines der stärksten energetischen Symbole in der heiligen Geometrie. Das Symbol vereint unseren Verstand mit der Schöpfung und die Wissenschaft mit der Spiritualität und ist das männliche Gegenstück zur „Blume des Lebens". Metatron, der Namensgeber, ist im Übrigen einer der höchsten Engel im Universum. Er verfügt über eine einzigartige Kraft und wird auch „der Hüter des Göttlichen Lichts" genannt. Somit steht er an der Schwelle zwischen dem göttlichen Sein und der materiellen Schöpfung. Aus Metatrons Würfel lassen sich die fünf platonischen Körper ableiten: Tetraeder, Oktaeder, Ikosaeder, Hexaeder und Dodekaeder. Diese stellen die Grundbausteine dar, die selbst in den kleinsten Wasserstoffatomen zu finden sind.

Nach diesem kurzen Ausflug in die Welt der Symbole widmen wir uns nun wieder dem Bau unseres eigenen Orgoniten und gehen hier noch auf die Begrifflichkeiten „Kupferspirale" und Mineralien etwas näher ein.

Die Kupferspirale* liegt eng an der Bergkristallspitze an und wird dann zum Boden hin etwas weiter. Sie steht ca. 1 bis 2 cm an dem Ende des Kristalls über und hat in etwa die Form eines Trichters.

Bei den Mineralien* werden i. d. Regel Rohsteine verbaut, da sie größte Schwingung besitzen. Edelsteingranulate oder Trommelsteine funktionieren aber natürlich ebenso. Die oben genannten Steine sind meine persönliche Wahl gewesen.

Wenn Sie andere Mineralien ansprechen, so folgen Sie einfach Ihren Impulsen. Sehr zu empfehlen sind in jedem Fall hochwertige Edelsteine wie Rosenquarz, Achate, Citrin, Jaspis, Peridot, Sodalith und Mondstein. Generell wird die Verwendung feiner Späne und kleiner Steine empfohlen. Dadurch wird die Oberfläche vergrößert, was wiederum die Leistungskraft verstärkt und den Wirkungsradius des Orgoniten erhöht.

1. Zu Beginn rühren Sie etwas Epoxidharz an, vermengen es nach Gefühl mit ein wenig Blattgold und füllen das flüssige Harz langsam in die Pyramidenform, sodass mindestens 1 cm der Spitze bedeckt ist. Die Pyramide sollte vorher selbstverständlich gut befestigt sein und mit der Spitze nach unten zeigend vor Ihnen stehen. Gleich darauf setzen Sie die mit Kupferdraht umwickelte Bergkristallspitze dort mittig hinein und lassen alles in Ruhe aushärten. Der Trocknungsvorgang kann einige Stunden dauern. In dieser Zeit können Sie immer wieder überprüfen, ob Sie die Kristall-Spirale noch einmal ausrichten möchten.

2. Sobald das Harz getrocknet ist, gießen Sie die nächste Schicht Harz darüber, auch hier wieder ungefähr 1 cm hoch. In diese noch flüssige Schicht legen Sie nun die Edelsteine (ca. 25 Amethysten) am Rand jeder der vier Wände ein. In die Mitte – rund um den Kristall – in der Höhe der nach oben geöffneten Spirale wird nun etwas von den Eisenspänen gefüllt (ca. 1–2 TL). Auch diese Schicht darf nun vollständig aushärten.

Sollten sich unerwünschte Luftblasen gebildet haben, so können Sie diese durch kurzes, vorsichtiges Erhitzen (z. B. mit einem kleinen „Torch Jet Brenner" oder Creme-Brûlée-Brenner) beseitigen. Größere Luftblasen können Sie übrigens ganz einfach mithilfe eines Zahnstochers „aufstechen" und auf diese Weise verschwinden lassen.

3. Im nächsten Schritt gießen wir wieder flüssiges Harz nach, sodass wieder ca. 1 cm an Höhe dazu kommt. Hier finden nun im äußeren Bereich die Aventurin-Steine ihren Platz. In die Mitte füllen Sie wiederum etwas von den Eisenspänen ein. Achten Sie wieder darauf, dass mögliche Luftblasen beseitigt werden, solange das Harz noch

flüssig ist. Mittlerweile ist die Pyramidenform auch schon fast bis zur Mitte gefüllt und Sie können, wenn Sie mögen, nun an einer der vier Seiten z. B. ein Symbol anbringen. Ich selbst habe mich für „die Blume des Lebens" entschieden.

4. Nach dem Aushärten dieser Schicht gießen Sie wieder Harz in die Form und können diesen Abschnitt beispielsweise mit den Heliotropen befüllen. Die Eisenspäne finden ihren Platz wiederum in der Mitte. Alles wird erneut kurz erhitzt und eine weitere Trocknung startet.

5. Nun folgt die nächste Schicht Harz und das Einlegen der Shungit-Steine. Wie gehabt, platzieren Sie mittig wieder die Eisenspäne. Darüber setzen Sie dann die Kupferspirale (SBB-Spirale). Dann erhitzen Sie alles wieder kurz und lassen es dann in Ruhe aushärten.

6. Lösen Sie den Orgoniten nach dem Trocknen vorsichtig aus der Form und schleifen Sie mit einem sehr feinen Schleifpapier die Kanten ab, damit Sie sich nicht an ihnen verletzen können.

Genaue Mengenangaben zu machen, ist meines Erachtens bei diesem gesamten Vorgang nicht möglich, da jeder Orgonit und jeder Mensch (Schöpfer) ganz individuell ist und Sie darauf vertrauen können, dass das Resultat in jedem Fall so aussehen wird, dass es Ihrer ganz persönlichen Energiesignatur entspricht. Einzig und allein Ihre Aufmerksamkeit und Ihre Liebe am Erschaffen sind während dieses schöpferischen Vorgangs wirklich wichtig. Und wenn Sie während der gesamten Herstellungszeit darauf achten, ein harmonisches Gleichgewicht zwischen dem Harz, den Edelsteinen und den Eisenspänen zu erlangen, damit die Orgonwirkung erzeugt werden kann, ist Ihr Orgonit perfekt. Spüren Sie einfach nach, welche Materialien mit der von Ihnen erwünschten Wirkungskraft in Resonanz gehen. Auch hier gilt: Ihr Gefühl ist Ihr bester Ratgeber.

7. Zum Schluss können Sie die fertige Form mit ganz feinem Schleifpapier, vorzugsweise mit der Körnung 240, noch ein wenig polieren und fertig ist Ihre persönliche Orgonit-Pyramide. Herzlichen Glückwunsch!

Grundsätzlich sollten Sie bei der Herstellung darauf achten, dass Sie 50 % Metall-Edelsteingemisch verwenden und 50 % von dem Harz, dadurch erreichen wir bei dem Orgonit eine viel bessere Akkumulationsfähigkeit.

Bitte verwenden Sie keine gefärbten oder unechten Edelsteine. Bestenfalls gibt es keine Wirkung, im schlimmsten Fall findet keine Umwandlung in positive Energie (POR) statt, auch wenn der Orgonit die negative Energie (DOR) anzieht. In diesem Fall könnten unerwartete und nicht beabsichtigte Wirkungen auftreten. Demzufolge könnten Sie dann also auch keine positiven Heileffekte daraus schöpfen, was sehr bedauerlich wäre. Durch das entstehende Ungleichgewicht besteht sogar die Möglichkeit, dass der Orgonit zerspringt.

Sollten Sie die visuelle Anleitung bevorzugen, so finden Sie gewiss die für Sie passende Anleitung in einer der unzähligen DIY-Videos auf YouTube oder anderen Videokanälen.

Nachwort

Zu Beginn dieses Buches war ich der festen Überzeugung, bereits sehr viel über Orgonite zu wissen. Meine gründliche Recherche lehrte mich jedoch, dass auch ich noch lange nicht alles über die vielseitigen Facetten dieses besonderen Heilsteines weiß, und ich habe in dieser Zeit tatsächlich viel dazulernen dürfen. Dies macht mich unendlich dankbar und ich hoffe aufrichtig, dass auch Sie die Kostbarkeit der Orgoniten und ihrer Einsatzmöglichkeiten schätzen lernen werden.

So habe ich beispielsweise damit begonnen, bei den von mir durchgeführten Meditationen und Seelenreisen ganz bewusst einen Orgonit in der Mitte des Raumes aufzustellen. Es war deutlich zu erkennen, dass der Orgonit zur Entspannung beiträgt und die Teilnehmenden dabei unterstützt, sich zu zentrieren und innere Ruhe zu erlangen.

Tatsächlich habe ich neue Impulse erhalten, meine Orgonit-Pyramide nun auch im Garten einzusetzen, um den Blumen, Kräutern und Pflanzen hilfreiche Unterstützung beim Wachsen zu geben und so letztendlich selbst davon zu profitieren. Wer isst nicht lieber Gemüse, das frei von energetischen Schadstoffen ist und somit viel bekömmlicher und gesünder?

Ich habe selbst unzählige Male die Erfahrung machen dürfen, dass sich nach dem Einsatz eines Orgoniten vieles in meinem bisherigen Leben relativ zügig veränderte, sei es in beruflicher wie auch persönlicher Hinsicht. Aber wie heißt es noch so schön? Manchmal darf das Alte erst gehen, damit Platz in unserem Leben geschaffen wird für das positive Neue, das bereits auf uns wartet.

Wenn Sie nach dem Lesen dieser Lektüre nun den Wunsch verspüren, sich noch weiter mit Orgoniten und deren Fähigkeiten zu beschäftigen, hat sich das Schreiben dieses Ratgebers bereits vollends gelohnt. Was gibt es Wertvolleres, als seinen Mitmenschen „Tore" zu öffnen, die sie dazu einladen, neue Wege zu beschreiten, um weitere wundervolle Möglichkeiten und Erfahrungen zu erlangen?

Meine persönliche Sicht auf Orgonite hat sich in dieser Zeit zum Positiven erweitert und ich wünsche Ihnen von ganzem Herzen, dass auch Sie Ihren ganz eigenen Orgonit finden und seine allumfassenden Geschenke erfahren werden.

Zu guter Letzt möchte ich meinen Dank aussprechen an all die wundervollen, mutigen Menschen, die viel Zeit damit verbrachten und auch heute noch verbringen, die unterschiedlichen Orgonit-Schöpfungen zu kreieren, mit ihren Energien und Potenzialen zu experimentieren,

Erfahrungen zu sammeln und diese mit uns allen in Freude zu teilen.

Herstellung und Verlag:

BoD – Books on Demand, Norderstedt

ISBN: 9783756818150

1. Auflage

Kontakt: Psiana eCom UG/ Berumer Str. 44/ 26844 Jemgum

Covergestaltung: Fenna Larsson

Coverfoto: depositphotos.com

FSC
www.fsc.org

MIX

Papier aus ver-
antwortungsvollen
Quellen

Paper from
responsible sources

FSC® C105338